AF337730

L'OUTILLAGE NATIONAL

ET

LA DETTE DE L'ÉTAT

PAR

MM. DOUSSOT ET DE LABRY,

INGÉNIEURS EN CHEF DES PONTS ET CHAUSSÉES.

(Extrait des *Annales des Ponts et Chaussées*, Cahier d'août 1880.)

PARIS

DUNOD, ÉDITEUR,

LIBRAIRE DES CORPS NATIONAUX DES PONTS ET CHAUSSÉES, DES MINES
ET DES TÉLÉGRAPHES,

Quai des Augustins, 49

1880

L'OUTILLAGE NATIONAL

ET

LA DETTE DE L'ÉTAT

TABLE.

L'OUTILLAGE NATIONAL

ET

LA DETTE DE L'ÉTAT

PAR

MM. DOUSSOT ET DE LABRY,

INGÉNIEURS EN CHEF DES PONTS ET CHAUSSÉES.

———

(Extrait des *Annales des Ponts et Chaussées*, Cahier d'août 1880.)

———o⚬❍⚬o———

PARIS

DUNOD, ÉDITEUR,

LIBRAIRE DES CORPS NATIONAUX DES PONTS ET CHAUSSÉES, DES MINES
ET DES TÉLÉGRAPHES,

Quai des Augustins, 49

—

1880

OBSERVATIONS SUR UNE NOTE

DE

M. L'INGÉNIEUR EN CHEF DE LABRY

RELATIVE A L'UTILITÉ DES TRAVAUX PUBLICS

PAR

M. DOUSSOT, Ingénieur en chef des Ponts et Chaussées.

Dans une note très intéressante publiée dans le cahier des *Annales des ponts et chaussées* du mois de février 1880, M. l'ingénieur en chef de Labry expose une théorie nouvelle — du moins pour nous — non pas sur la mesure de l'utilité des travaux publics, mais sur le degré d'utilité qu'ils doivent présenter pour être rémunérateurs et mériter à ce titre d'être exécutés par l'État.

Cette théorie est très ingénieuse, mais elle repose sur des bases qui nous paraissent être en contradiction formelle avec les vrais principes de l'économie politique, tels du moins que nous les avons toujours compris, et les conséquences qu'en tire M. de Labry nous semblent inacceptables.

Nous demandons la permission de présenter à ce sujet quelques courtes observations.

Suivant nous, toutes les fois qu'un travail quelconque exécuté par l'État rapporte au public, à la société, un profit annuel supérieur à l'intérêt de la dépense, augmenté des frais d'entretien, ce travail est *utile*, dans la véritable acception du mot, en ce sens qu'il a pour effet d'augmenter la richesse publique.

Ce principe nous paraît incontestable ; mais nous nous

hâtons d'ajouter qu'il ne suffit pas qu'un travail soit utile pour qu'il soit immédiatement et nécessairement entrepris.

Il faut d'abord, et avant tout, que l'État prélève sur son budget des recettes les sommes nécessaires pour assurer tous les services publics, savoir : le payement des rentes et pensions, l'entretien des forces de terre et de mer, l'administration proprement dite, la justice, la police, l'instruction publique, l'entretien des voies de communication, etc. Puis, quand ce prélèvement est effectué, on doit classer par ordre d'utilité tous les travaux à faire pour compléter, suivant une expression plus ou moins heureuse, *l'outillage national*, et les exécuter dans cet ordre, en se maintenant tous les ans dans la limite des ressources disponibles.

Il est bien entendu que nous ne parlons ici que d'une manière générale, et, que dans certains cas, nombreux même, des considérations autres que l'utilité proprement dite, au sens économique du mot, peuvent influer sur l'urgence des travaux. Si, par exemple, une route ou un chemin de fer sont destinés à apporter le bien-être, la civilisation, et pour ainsi dire la vie dans une région pauvre et déshéritée, il est clair qu'ils doivent primer certains autres travaux, *d'un produit supérieur*, mais qui seraient exécutés dans les contrées riches et prospères. Il y a là une question de solidarité et de justice distributive dont il faut tenir compte dans chaque cas.

On trouvera peut-être que nous employons un mot bien élastique en disant que l'on doit se maintenir tous les ans dans la limite des ressources disponibles. Rien n'est si facile, en effet, que de reculer cette limite au moyen des emprunts, surtout dans un pays comme le nôtre, dont le crédit est, pour ainsi dire, illimité. Nous le reconnaissons; mais nous avons supposé en parlant ainsi, que le budget serait préparé par un gouvernement sage et prudent qui, d'abord, n'entreprendrait que des travaux d'une utilité

parfaitement démontrée, et qui, en second lieu, propor-
tionnerait leur exécution aux forces financières du pays.
Nous ajouterons que l'État doit se borner à l'exécution des
travaux d'intérêt général et laisser, pour la plus grande
partie du moins, à la charge des départements, des com-
munes, des syndicats, etc., ceux qui présentent surtout un
caractère d'intérêt local.

Voilà, suivant nous, les vrais principes qui doivent gui-
der les ingénieurs et le gouvernement dans l'exécution des
travaux publics. Nous croyons être d'accord sur ce point
avec M. l'ingénieur en chef Lechalas, dont M. de Labry
cite l'opinion dans son mémoire. M. Lechalas dit, en effet,
en parlant des routes : « une rectification ne serait pas
« utile, dans le vrai sens du mot, si le profit annuel du
« commerce n'était pas supérieur à l'intérêt du montant
« des travaux ; il faut même un profit très supérieur pour
« que le travail soit à faire, *car il ne manque pas de dé-*
« *penses d'intérêt public pour lesquelles on est assuré d'ob-*
« *tenir de gros rendements.* » C'est-à-dire, en d'autres
termes, qu'un travail est *utile* quand il rapporte au commerce un produit annuel supérieur à l'intérêt de l'argent
dépensé ; mais qu'on ne doit l'entreprendre que lorsque
son utilité est supérieure à celle des autres travaux que
l'on pourrait exécuter avec le même argent. Nous sommes
entièrement de cet avis.

La théorie de M. de Labry repose sur une base toute
différente. Il part de ce principe qu'un travail n'est utile
et ne doit être entrepris par l'État que lorsqu'il rapporte,
non pas au public, mais au Trésor, un produit supérieur à
l'intérêt des sommes dépensées. Pour prouver la justesse
de ce principe, M. de Labry adresse à l'opinion contraire
la critique suivante : « La recette du budget, dit-il, qui
« est le revenu de l'État, est d'environ 2.800 millions de
« francs. Si, par impossible, l'État affectait par an ces
« 2.800 millions de francs à réduire d'autant les frais de

« l'industrie des transports, le public bénéficierait de ces
« réductions, mais l'État n'aurait plus rien pour faire face
« à ses autres services ; il serait ainsi dans un déficit
« complet, et l'opération qui l'aurait conduit à un tel ré-
« sultat serait tout à fait erronée et déplorable. La for-
« mule posée par Favier et par J.-B. Say — c'est celle que
« nous défendons — n'est donc pas exacte. »

M. de Labry ne voit-il pas que l'on pourrait faire un raisonnement absolument identique contre son système ? Que deviendraient en effet, nous le demandons, et l'armée, et la marine, et la justice et tous les autres services, si l'État employait exclusivement le total de son revenu à des travaux publics, même en admettant que ces travaux rapportassent 5 p. 100, 10 p. 100, 100 p. 100 même, si l'on veut, au Trésor ? C'est exactement comme si un particulier ayant 20.000 francs de rente, les plaçait intégralement à 5, à 10, à 100 p. 100, sans se rien réserver. Sa fortune croîtrait rapidement, mais, en attendant, il mourrait de misère et de faim.

La critique de M. de Labry ne prouve donc rien, ni contre le principe qu'il attaque, ni en faveur de celui qu'il défend.

« La vraie règle, ajoute cet ingénieur, est celle-ci : un
« travail est rémunérateur s'il rapporte l'intérêt courant,
« non pas à celui qui en use, mais à celui qui le paye. »

Cette règle est parfaitement vraie. Elle l'est évidemment quand les travaux sont faits par un particulier, un entrepreneur ou une compagnie. Elle l'est aussi quand il s'agit de l'État ; seulement, dans ce cas, M. de Labry l'applique mal. Cet ingénieur voit dans l'État deux personnes distinctes et ayant, pour ainsi dire, des intérêts différents : l'une, composée de l'universalité des citoyens, qui use des travaux, et l'autre, le Gouvernement, qui les exécute, les paye de sa bourse et doit en profiter.

C'est là, à notre avis, une erreur complète. Non, dans

l'État il n'y a pas deux personnes, il n'y en a qu'une : c'est la nation, le pays, qui travaille, échange, produit et consomme, et qui prélève tous les ans sur sa fortune, sous forme d'impôts, les sommes nécessaires pour sauvegarder son existence, défendre ses intérêts et augmenter sa fortune elle-même. Quant au gouvernement, il n'a pas d'existence propre, il n'a ni fortune, ni besoins personnels. C'est un simple gérant que la société charge de recevoir les impôts et de les employer au mieux de ses intérêts, non pas à lui — il n'en a pas — mais à elle, société.

Ce n'est donc pas le gouvernement, mais la société qui paye les travaux publics; et, dès lors, la règle de M. de Labry, fausse telle qu'il l'applique, devient parfaitement vraie et s'accorde avec le principe que nous défendons. Elle le justifie pleinement.

Il ne faut pas croire, du reste, qu'il y ait, ainsi que semble l'admettre M. de Labry, une corrélation, une proportionnalité directe entre l'impôt et la fortune publique. Pour le prouver, il suffit de rappeler qu'après la guerre désastreuse de 1870, qui a porté une si rude atteinte à la fortune de la France, le chiffre des impôts s'est accru brusquement de plus de 700 millions. Non, ce qui croît et diminue avec la fortune publique, ce n'est pas l'impôt, mais bien la faculté, la possibilité de le payer. Quant à l'impôt, il varie en raison directe des besoins du pays, et l'on conçoit très bien que ces besoins puissent non seulement ne pas augmenter, mais même diminuer quand la richesse publique augmente.

Portons-nous, en effet, par la pensée à quinze ou vingt ans au delà du moment présent. Supposons que l'on ait exécuté, non pas tous les travaux, chemins de fer, canaux de navigation, ports de commerce, etc., dont le programme a été récemment adopté par les Chambres législatives, mais, parmi ces travaux, ceux dont une étude approfondie aura prouvé la réelle utilité, et que cette vaste opération ait produit sur la fortune publique l'immense accroissement que l'on est en droit d'en attendre. Supposons, en second lieu, que par suite de quelque grand revirement dans la politique générale, l'équilibre de l'Europe, qui est encore si instable, ait acquis une stabilité complète, et qu'en présence d'une paix assurée, on ne soit plus obligé de maintenir sur pied les armées nombreuses d'aujourd'hui. Que se passera-t-il alors, nous le demandons? N'est-il pas clair, d'une part, que les budgets de la guerre et des travaux publics diminueront considérablement, que l'on pourra, par suite, opérer de sérieux dégrèvements d'impôts, et que cependant, d'un autre côté, la richesse publique se sera accrue dans de grandes proportions.

Nous ne pousserons pas plus loin cette discussion. Nous croyons en avoir assez dit pour être en droit de conclure que les travaux exécutés par l'État ont exclusivement pour but l'augmentation de la fortune publique; qu'ils sont *utiles* quand leur produit annuel est supérieur à l'intérêt courant de la dépense, augmenté des frais d'entretien; et enfin qu'on doit les entreprendre en suivant leur degré d'utilité, sous la réserve toutefois des restrictions dont nous avons parlé plus haut.

Montargis, le 8 mai 1880.

L'OUTILLAGE NATIONAL

ET

LA DETTE DE L'ÉTAT

———

RÉPLIQUE A M. DOUSSOT

PAR

M. **DE LABRY**, Ingénieur en chef des Ponts et Chaussées.

———

Le sujet du « profit des travaux » que j'ai tâché de traiter avec une grande simplicité dans une *Note* insérée aux *Annales des ponts et chaussées* du mois de février 1880 est en réalité très compliqué, car il s'étend non seulement à toute la question économique des travaux publics, mais encore à celle des impôts et à celle des dettes publiques. Notamment en ce qui touche l'État, la répartition de la production totale de la nation en frais et en produits nets, puis en consommations improductives et en placements productifs, — les modes de perception et les effets des divers impôts directs et indirects, — les résultats des combinaisons de subventions données par l'État, de péages ou de contributions spéciales perçues par lui, — les suites des variations du taux de l'intérêt, — le fonctionnement des dettes flottantes et des dettes consolidées, peuvent donner lieu à des considérations qui différencieraient les cas à étudier et compliqueraient l'exposé de la matière presque indéfiniment.

En réduisant extrêmement cet exposé, devais-je espérer que j'amènerais à mon avis tous les lecteurs? La réponse à cette demande résultera des lignes suivantes écrites par le plus grand des logiciens français, Blaise Pascal : « Pour « démontrer les vérités déjà trouvées et les éclairer de

« telle sorte que la preuve en soit invincible, la véritable
« méthode **qui** formerait les démonstrations dans la plus
« haute excellence, s'il était possible d'y arriver, consiste-
« rait en deux choses principales ; l'une de n'employer
« aucun terme dont on n'eût auparavant expliqué nette-
« ment le sens ; l'autre de n'avancer jamais aucune pro-
« position qu'on ne démontrât par des vérités déjà connues,
« c'est-à-dire en un mot à définir tous les termes et à prou-
« ver toutes les propositions (*). » Or, afin d'exprimer des
idées un peu nettes, j'ai beaucoup abrégé et beaucoup omis,
et je me suis ainsi bien écarté de ces préceptes du maître.
Il est donc naturel que je sois contredit. Pour comprendre
un travail aussi incomplet, il faut le lire avec un esprit favo-
rable, avec le désir d'y trouver exactitude et bon sens ; si on
le parcourt avec une tendance critique, les difficultés et les
invraisemblances naîtront pour ainsi dire à chaque phrase.

Mon honorable et bienveillant collègue, M. Doussot, n'a
guére relevé dans ma *Note* que les parties concernant les
grands travaux publics exécutés par l'État et destinés à
compléter ce qu'on appelle *l'outillage national* ; c'est en
conséquence à cette catégorie de travaux que se rapportera spécialement la présente réplique.

Pour les travaux de cet ordre, ma *Note* aboutissait aux
conclusions suivantes : « Un travail exécuté aux frais de
l'État est rémunérateur pour l'État, quand il lui rapporte
l'intérêt courant de sa dépense, et, s'il a été payé au moyen
d'un emprunt, l'intérêt de cet emprunt. Lorsque l'État ne
perçoit pas, pour un tel travail, de péage ou de contribution
spéciale, son profit consiste dans un accroissement des
impôts préexistants qui résulte de l'accroissement de la
production nationale. La considération du profit à obtenir
ainsi par l'État est une de celles dont on doit tenir compte
dans l'étude des projets de travaux publics. »

(*) Pascal, *Pensées*, Iʳᵉ partie, art. 11.

Les deux principales objections de M. Doussot me paraissent pouvoir se résumer ainsi : 1° en matière de travaux publics, il ne faut pas établir de distinction entre la nation et l'État ; 2° il suffit que les travaux publics rapportent à la nation l'intérêt courant de leur dépense augmenté des frais d'entretien, et il n'y a pas lieu de rechercher s'ils rapporteront un tel intérêt à l'État.

Le premier point est très important, car c'est précisément sur la distinction à établir, dans le cas présent, entre la nation et l'État qu'ont été basés mes raisonnements. Que l'on m'excuse donc si j'insiste pour expliquer le sens que j'ai donné à cette distinction et pour la justifier !

On lit dans le Dictionnaire de l'Académie française, édition de 1878 : « État se dit d'un peuple en tant qu'il est « constitué en corps de nation. » — « L'État signifie aussi « le gouvernement, l'administration d'un pays, d'une so- « ciété politique. » C'est dans cette deuxième acception que j'ai employé le mot « État » ; il est donc dans ma *Note* synonyme de « Gouvernement »; et c'est dans ce sens qu'il doit être pris par le lecteur.

Or, d'après la constitution du 15 février 1875, le gouvernement de notre pays se compose maintenant de deux assemblées législatives qui sont la Chambre des députés et le Sénat, puis du président de la République investi du pouvoir exécutif, et des fonctionnaires civils et militaires auxquels il délègue ce pouvoir. Bien que les éléments de ce gouvernement se renouvellent sans cesse, et lors même qu'il subirait des transformations continues ou discontinues, sa fonction durera tant qu'existera la nation, et il y aura solidarité financière entre les pouvoirs qui, par substitutions successives, exerceront régulièrement cette fonction.

L'institution ainsi formée peut être distinguée de la nation entière; c'est ainsi que la tête d'un homme peut être distinguée du corps entier, tout en faisant partie de ce corps. La tête n'est qu'un organe du corps et son existence est comprise dans l'existence du corps entier ; cependant l'action et la santé de la tête ont leurs conditions spéciales et peuvent être utilement l'objet d'une étude distincte. On ne méconnait pas la corrélation qui existe entre la tête et tout le corps, en affirmant que la tête doit être valide et en recherchant les procédés et les précautions qui pourront la maintenir en cette disposition.

Le Gouvernement ou l'État subvient aux offices dont il est chargé au moyen de sommes perçues sur les citoyens à titre d'impôts, et dont le total, appelé budget des recettes de l'État, est voté chaque année par les deux Chambres pour l'année ou l'exercice suivant. Chaque élément des impôts est prélevé sur le revenu d'un des citoyens de la nation ; mais l'ensemble des impôts ou le budget des recettes qui forme le revenu annuel de l'État est distinct de l'ensemble des revenus des citoyens, qui forme le revenu général de la nation.

J'ai donc été en droit d'entendre le mot d'État dans le sens qui vient d'être indiqué, de distinguer l'un de l'autre la nation et l'État, puis le revenu général de la nation ou du public et le budget de l'État.

Outre les dépenses spéciales à l'exercice courant, le budget des recettes doit payer le montant des engagements antérieurement contractés par l'État sur les exercices futurs, soit pour l'intérêt d'emprunts reçus par lui, soit pour des annuités acquittant des dépenses déjà faites ou des services déjà rendus ; l'ensemble de ces engagements constitue la dette de l'Etat qu'on nomme aussi la dette publique, tandis que les arrérages annuels de cette dette s'appellent rentes de l'État.

Est-il sans importance que les grands travaux publics soient rémunérateurs pour l'État ? — M. Doussot paraît admettre que l'État paye ces travaux au moyen des excédants libres de ses budgets des recettes, après avoir prélevé sur ces budgets les sommes nécessaires pour assurer les divers

services publics, et « en se maintenant tous les ans dans
« la limite des ressources disponibles ». Il semble men-
tionner, seulement à titre accessoire, que « rien n'est si
« facile que de reculer cette limite au moyen des em-
« prunts », et il n'examine pas les effets de ces travaux
sur la dette de l'Etat : or, ces effets constituent le point
essentiel de la question.

Ainsi deux lois ont été récemment votées pour l'achèvement de notre *outillage national*. L'une, du 17 juil-
let 1879, concerne les chemins de fer, l'autre, du 5 août
1879, concerne les voies intérieures navigables. L'exposé
du projet de la première de ces lois, présenté à la Chambre
des députés par le ministre des travaux publics le 4 juin
1878, et un rapport sur la seconde, adressé par le même
ministre au président de la République le 16 janvier 1878,
évaluent les dépenses à faire dans le délai de dix ans à
3 milliards 200 millions pour les chemins de fer et à
1 milliard pour les voies navigables — total : 4 milliards
200 millions. Pour fournir à ces dépenses, une autre loi
datée du 11 juin 1878 autorise l'institution, au grand-
livre de la dette publique, d'une section nouvelle consacrée
à l'émission de rentes 3 p. 100 amortissables. L'exposé
de cette dernière loi, présenté à la Chambre des députés
par M. Léon Say, ministre des finances, le 7 février 1878,
s'exprime ainsi : « Cette loi de principe a pour objet de
« créer l'instrument financier destiné à faire face aux
« grands travaux publics que le gouvernement projette
« d'exécuter pendant une dizaine d'années, et qu'il sou-
« mettra successivement à votre approbation. » C'est donc
par des emprunts, et non par des excédents de recettes
sur les budgets annuels, que seront payés les grands travaux publics dont il s'agit.

D'ailleurs, quand un État est, comme le nôtre, chargé
d'une dette considérable, l'affectation d'un excédent important des recettes du budget à un travail public non in-

dispensable ne doit pas être considérée comme étant sans influence sur cette dette. En effet l'État pourrait employer cet excédent de recettes à l'amortissement d'une partie de sa dette; ainsi, dans ce cas même, au lieu de produire directement, par la voie de l'emprunt, une augmentation de la dette de l'État, le travail public empêche une diminution de cette dette; par suite les effets de l'un ou de l'autre mode d'exécution sont au fond analogues. Un grand travail public exécuté aux frais de l'État, dans les conditions où se trouve notre pays, a donc pour premier effet de causer, directement ou indirectement, une augmentation de la rente due par l'État. Mais que se passera-t-il ensuite?

Il est possible qu'un péage ou un impôt spécial perçu par l'État sur les individus qui usent de ce travail, ou une augmentation spontanée des impôts préexistants provenant du développement donné par ce travail à la production, rapporte au budget un profit annuel égal ou supérieur à l'accroissement des rentes d'État causé d'abord par la construction de l'ouvrage. Dans cette éventualité l'exécution du travail laissera l'État indemne ou lui rapportera un bénéfice; puis, soit par le moyen immédiat d'un remboursement ou d'un rachat de rente, soit par le procédé d'un dégrèvement d'impôts urgent, fécond, et conduisant finalement au même but, ce gain équivaudra pour l'État à une diminution de sa dette. Si, au contraire, le profit annuel tiré du travail public par le budget est inférieur à l'intérêt du prix payé par l'État pour la construction, la différence entre ce profit et cet intérêt formera chaque année un déficit s'ajoutant à la dette de l'État.

Ainsi, en général, la construction d'un travail public par l'État a pour conséquence définitive d'équivaloir, si ce travail est rémunérateur pour l'État, à un amortissement de la dette de l'État, et, s'il ne l'est pas, à un accroissement de cette dette.

Or, quelles sont les conséquences d'une augmentation

prolongée et excessive de la dette de l'État? On y subvient
d'abord en aggravant le taux des impôts existants ou en éta-
blissant de nouveaux impôts. Mais les perceptions des taxes
finissent par devenir de plus en plus pénibles pour les contri-
buables et difficiles pour le fisc. A un certain moment, les
nouvelles tentatives pour augmenter le rendement de l'impôt
deviennent infructueuses; suivant une expression adoptée,
« la matière imposable est épuisée. » Il faut alors réduire
les dotations annuelles des services publics ou réduire les
arrérages des rentes que doit payer l'État. On essaye bien
du premier moyen, ou plutôt on en parle; mais, comme les
services publics sont la vie même de l'État et que la né-
cessité de vivre est supérieure à celle de payer ses dettes,
on se résout au second moyen. En tâchant de donner à l'o-
pération un titre ou une couleur plus ou moins admissible,
l'État réduit les intérêts qu'il avait avec solennité promis
de payer intégralement, ce qui constitue sa faillite par-
tielle, ou il les supprime complètement, ce qui constitue sa
banqueroute complète.

Ce n'est point là un tableau de fantaisie : nous avons eu
maintes fois, à des époques récentes, le réel spectacle de
telles crises. Pour ne citer que les grands pays, nous avons
vu les intérêts des rentes d'État réduits de 16 p. 100 par
l'Autriche en 1868, de 13,20 p. 100 par l'Italie en 1870,
des deux tiers par l'Espagne en 1877, et complètement
supprimés par la Turquie en 1876. A cette liste combien
pourraient s'ajouter de faillites partielles ou totales, dé-
clarées naguère par de petits Etats : Mexique, Honduras,
Pérou, Égypte, etc. ?

On se tromperait si, d'après la doctrine qui n'admet pas
de distinction entre la richesse de l'État et celle de la nation, on considérait comme synonymes la faillite du gouvernement et la ruine du pays. La question de l'honneur
financier et de la foi jurée par les représentants de la pa-
trie étant mise à part, la nation ne perd par cette faillite

de l'État ni ses richesses intérieures immobilières, ni les créances de ses citoyens sur l'extérieur; elle conserve ses diverses industries agricoles, minières, manufacturières, commerciales; elle bénéficie même de la suppression des arrérages que l'Etat payait aux étrangers, tandis qu'à l'intérieur du pays la perte du rentier est compensée par le bénéfice du contribuable. Il suffit d'un court voyage en Autriche, en Italie, ou en Espagne, pour reconnaître que la nation y est prospère, bien que l'État s'y déclare impuissant à servir entièrement les arrérages de sa dette, et qu'en outre il se trouve en déficit dans tous ses budgets successifs.

Pendant longtemps les faillites d'État ont été considérées comme des actes d'administration intérieure qui n'étaient pas de nature à motiver l'intervention de puissances étrangères. Mais récemment, et pour une notable part sur l'initiative de la France, une autre tendance s'est manifestée dans l'application du droit des gens; une guerre a été faite au Mexique, nous savons avec quelles fatales conséquences, pour l'obliger à payer ses dettes d'État; des commissions internationales ont été imposées aux gouvernements de Tunis et d'Égypte, afin de les astreindre à l'acquittement de leurs rentes. Les États doivent donc craindre aujourd'hui que l'inexécution de leurs engagements financiers n'amène chez eux l'immixtion de l'étranger. Ceux-là surtout qui ont pris l'initiative de mesures de contrainte envers les gouvernements débiteurs infidèles se trouveraient en certaines circonstances avoir justifié contre eux l'application de l'adage *Patere legem quam ipse fecisti.*

Nous venons de jeter un coup d'œil sur les finances de peuples parmi lesquels se trouvent de nos voisins, mais pour la France même quel a été, dans la période actuelle de son histoire, le sort de sa dette d'État?

L'ancien régime avait chargé l'État de dettes dont les arrérages annuels, perpétuels ou viagers, s'élevaient environ à 174 millions. A partir de 1789, de grands efforts furent tentés pour acquitter ces rentes. Mais bientôt, pour essayer des palliatifs aux embarras qu'elles causaient, on proposa à l'Assemblée nationale de surseoir aux payements, d'effectuer ces payements en papier-monnaie, d'imposer les rentes. En 1790, Mirabeau défendait les droits des créanciers de l'État par les paroles suivantes (*) :

« Les rentiers, au lieu de nous confier leurs capitaux,
« en auraient pu faire toute autre disposition ; les destiner
« à des entreprises, les prêter à des manufacturiers, à des
« commerçants, enfin les employer de manière qu'ils n'eus-
« sent été exposés à aucune réduction. Mais ils se confient
« à notre gouvernement, ils mettent leur fortune dans nos
« mains à des conditions déterminées, et, par cela seul que
« nous en sommes les dépositaires, on veut que nous pro-
« fitions de cette circonstance pour en retenir une partie
« sous le nom d'imposition. Quand les créanciers ont aliéné
« leurs fonds dans l'acquisition de rentes, ç'a été sous des
« conditions qu'ils ont regardées comme inviolables. Or,
« une de ces premières conditions, c'est qu'en aucun cas et
« pour aucune cause il ne serait fait de retenue sur ces
« rentes. Entre contractants de bonne foi, les engagements
« se remplissent selon les termes dans lesquels ils ont été
« formés ; quand l'un des contractants s'y refuse, la loi le
« force, à moins que ce contractant lui-même ne fasse la
« loi ; alors c'est l'opinion publique qui le juge, et la ré-
« putation de tyrannie est la flétrissure qu'elle lui im-
« prime.

« Il ne s'agit pas moins que de démentir et d'effacer nos
« déclarations les plus solennelles sur la foi publique. Je
« vois déjà le ministre des finances venir dolemment nous
« présenter un nouveau certificat de notre ruine et nous

(*) Mirabeau, séances de l'Assemblée nationale du 27 août, du 24 octobre et du 3 décembre 1790.

« proposer ce qui ne pourra même pas nous sauver au prix
« de la honte, ce que nous avons repoussé avec tant d'hor-
« reur, mais ce qui nous atteindra enfin et nous envelop-
« pera malgré nous; ce que je n'ose même nommer, tant
« ce nom seul doit révolter cette Assemblée.

« Mais, messieurs, ne pas prévenir cette terrible catas-
« trophe, c'est la vouloir, et qui de vous pourrait souffrir
« d'être entaché d'un si noir soupçon? »

Toute la France honnête avait partagé le sentiment avec
lequel Mirabeau repoussait ainsi le nom même de la banqueroute. Cependant, en 1797, la loi du 24 frimaire an VI
ordonnait une réduction des deux tiers sur la dette de l'Etat,
sous prétexte de consolider le dernier tiers; cette opération
réduisit la dette totale, soit perpétuelle, soit viagère, à une
rente de 40.216.000 francs. Aujourd'hui le montant annuel
de notre dette d'Etat résulte des chiffres suivants, extraits du
budget pour l'exercice 1881 :

« *Budget ordinaire des dépenses de* 1881. — Ministère
« des finances, 1re section.

	fr.
Dette consolidée.	743.936.499
« Annuités dues par l'État pour capitaux rembour-	
« sables à divers titres.	323.550,683
« Dette viagère (Pensions de retraite, etc.).	140.689.552
Ensemble.	1.208.176.734

L'ensemble de la rente annuelle due par l'Etat français
se trouve ainsi trente fois plus considérable qu'après la con-
solidation de 1797; cette énorme progression de notre dette
d'Etat s'est accomplie en quatre-vingt-trois années.

La période séculaire nous séparant de la banqueroute de
1797 se terminera en 1897, c'est-à-dire dans dix-sept ans.
Or, si l'on remonte au budget qui précédait l'exercice actuel
de dix-sept années ou bien au budget pour 1863, on voit sur
ce document, pour la même dette, les mentions suivantes :

« Detteconsolidée(sans comprendre les fonds d'amor-
« tissement). 3i5.483.3ii
« Emprunts spéciaux pour canaux, chemins de fer
« et travaux divers. 27.943.6a7
« Annuités pour capitaux remboursables à divers
« titres 53.36o.83a
« Dette viagère. 74.6g6.a67

Ensemble. 47i.484.o37

Ainsi, de 1863 à 188o, en dix-sept années, les arrérages
de notre dette d'État se sont élevés de 47i millions à i milliard ao8 millions. Si, dans les dix-sept années qui vont
s'écouler, ils croissaient dans la même proportion, ils attein-
draient, en 1897, 3 milliards g8 millions, représentant à
5 p. 1oo un capital de 6a milliards, et formeraient alors une
dette dix-huit fois plus considérable que celle de 174 millions de rente dont le poids a écrasé la monarchie de
Louis XVI. Quel redoutable fardeau ! Espérons que dans les
dix-sept années prochaines notre pays ne subira pas le re-
tour des malheurs dont il a été frappé dans la dernière durée
égale !... Mais une telle progression de charges ne doit-elle pas
éveiller notre sollicitude, quand il s'agit d'augmenter notre
dette d'État ? Plutôt que de se laisser leurrer par des phrases
ingénues sur le désarmement général de l'Europe et sur un
avenir de prospérités utopiques, il convient d'accepter viri-
lement pour l'avenir les leçons données par le passé.

Il faut donc reconnaître qu'un accroissement sans com-
pensation et sans mesure de notre dette d'État pourrait
causer des atteintes à notre honneur financier et des troubles
dans nos relations internationales. En conséquence, il faut
savoir établir une distinction entre des travaux publics non
rémunérateurs pour l'État, qui augmenteraient cette dette,
et des travaux publics rémunérateurs pour l'État, qui équi-
vaudront à la diminuer.

La condition que les ouvrages payés par l'État soient
rémunérateurs pour lui a d'ailleurs été admise dans le

grand programme de travaux publics qu'a récemment indiqué à l'activité nationale un ministre éminent. En effet, considérons les 17.000 kilomètres de chemins de fer que le projet de loi présenté à la Chambre des députés, le 4 juin 1878, a proposé de classer au réseau complémentaire d'intérêt général, et de construire en dix ans. L'exposé joint à ce projet et signé par M. de Freycinet admet que la recette brute perçue sur ces chemins de fer sera égale aux frais d'exploitation, mais que ces voies, comparées aux routes actuelles de terre, procureront au public, sur le transport parcourant leurs rails, une économie annuelle de 28.000 francs par kilomètre, qui s'élèvera pour les 17.000 kilomètres à 476 millions. Il évalue la dépense à faire pour la construction de ces chemins de fer à 3 milliards 200 millions, sur lesquels 1 milliard 700 millions seulement resteront définitivement à la charge de l'État, puis il s'exprime ainsi : « C'est donc à 1 milliard 700 millions seu-
« lement que s'applique le revenu de 28.000 francs par
« kilomètre (ou de 476 millions pour les 17.000 kilomètres
« à ouvrir) que nous énoncions tout à l'heure comme
« représentant l'économie réalisée par le pays sur ses
« transports. Une telle économie, ou, si l'on préfère, un
« tel bénéfice, déterminera nécessairement dans le rende-
« ment des impôts des plus-values qui permettront d'as-
« surer et au delà le service des 1 milliard 700 millions
« engagés. Il suffira, pour cela, d'un accroissement de
« 85 millions en dix ans, ou de 8 millions et demi par an,
« chiffre bien peu important, on le reconnaîtra, en présence
« de l'immense développement que l'achèvement du réseau
« est destiné à imprimer à la production nationale. » Et dans un renvoi inscrit au bas de la page, cet exposé ajoute : « Nous ne parlerons pas d'un élément fort important, c'est
« le chiffre des impôts prélevés, sous diverses formes, sur
« les chemins de fer eux-mêmes. » Or, en adaptant à ces données les expressions employées dans ma *Note* publiée

en février 1880, on peut les énoncer de la manière suivante. Les 476 millions d'économie réalisés sur les transports mesureront *l'utilité directe* résultant du projet pour le public ; le développement imprimé par l'achèvement du réseau des chemins de fer à la production nationale constituera *l'utilité indirecte* de ce projet pour le pays ; l'ensemble de ces deux utilités, directe et indirecte, sera *l'utilité générale* de l'œuvre pour la nation ; les 85 millions d'accroissement des impôts causés par cette utilité générale formeront *le profit de l'État*, profit qui sera égal à l'intérêt à 5 p. 100 des 1 milliard 700 millions mis à la charge de l'État par la construction du réseau complémentaire de nos voies ferrées.

Ce passage de l'exposé du ministre est donc conforme aux idées indiquées dans ma *Note;* particulièrement il établit une distinction entre la nation et l'État et il exprime que le travail projeté devra rapporter l'intérêt de sa dépense, non pas à la nation, mais à l'État : il est donc une réfutation des deux principales objections de M. Doussot. Cet ingénieur distingué a déclaré au début de ses observations que la théorie indiquée dans la *Note* précitée est nouvelle pour lui, et lui paraît contraire aux principes de l'économie politique, tels du moins qu'il les a toujours compris. Par le document officiel qui vient d'être reproduit, il peut voir que cette théorie, déjà exposée par moi en 1875 (*), n'est plus nouvelle pour tout le monde.

Après cette réponse relative aux deux points fondamentaux, je passerai rapidement sur des observations secondaires de mon collègue,

Il semble me demander ce que deviendraient les services de l'État autres que celui des voies de communication, si l'État dépensait la totalité de son budget à des travaux publics rapportant même 100 p. 100 au Trésor. J'ai été si loin

---

(*) Dans le *Journal des économistes* de novembre 1875, p. 301.

dé présenter une telle opération comme désirable, que je crois pouvoir me borner à dire : elle n'aurait pas plus mon suffrage que celui de mon collègue.

Plus loin il s'exprime ainsi : « Non ! ce qui croît et dé-« croît avec la fortune publique, ce n'est pas l'impôt, mais « bien la faculté, la possibilité de le payer. » Il est très vrai qu'une nation devenue plus riche est capable de payer plus d'impôts. Mais, d'un autre côté, il est bien clair que, si les produits annuels d'une industrie quelconque s'accroissent, le rendement des impôts déjà établis sur ces produits s'accroîtra aussi. De là résulte qu'avec l'ensemble de la production nationale et par conséquent avec la richesse publique croît et décroît le rendement général des impôts préexistants.

Répéterai-je enfin que les calculs financiers peuvent être balancés et primés par les convenances et par les nécessités politiques ou militaires ?

Si les perspectives un peu sombres que j'ai indiquées détournaient certains esprits des travaux publics, j'imiterais ce bon prêtre qui avait prêché la Passion de Jésus-Christ avec une éloquence très véhémente. Entendant ses paroissiens éclater en cris de compassion et en sanglots, il craignit de leur avoir causé trop de douleur, et leur dit : « Après tout, mes chers frères, ne pleurez pas tant; « peut-être Notre Seigneur n'a-t-il pas souffert autant que « je l'ai dit. » Pour atténuer aussi l'effet produit, je dirais : Des dangers auxquels une augmentation imprudente de notre dette d'État exposerait l'honneur et peut-être la sécurité de la France, ne concluez pas qu'il faille apporter à la construction des travaux publics par l'État une réserve excessive : souvenez-vous que le monde appartient aux optimistes et aux hommes d'action; mais, parmi divers projets étudiés, choisissez, sauf raisons contraires, comme devant être exécutés par l'État ceux qui vous paraîtront rémunérateurs pour lui.

PARIS. — IMPRIMERIE ARNOUS DE RIVIÈRE, RUE RACIN

3

www.ingramcontent.com/pod-product-compliance
Lightning Source LLC
Chambersburg PA
CBHW061806060726

47597CB00007B/3135